BEI GRIN MACHT SICH IHR WISSEN BEZAHLT

- Wir veröffentlichen Ihre Hausarbeit,
  Bachelor- und Masterarbeit

- Ihr eigenes eBook und Buch -
  weltweit in allen wichtigen Shops

- Verdienen Sie an jedem Verkauf

Jetzt bei www.GRIN.com hochladen
und kostenlos publizieren

Bibliografische Information der Deutschen Nationalbibliothek:

Die Deutsche Bibliothek verzeichnet diese Publikation in der Deutschen National-bibliografie; detaillierte bibliografische Daten sind im Internet über http://dnb.d-nb.de/ abrufbar.

Impressum:

Copyright © 2020 GRIN Verlag
Druck und Bindung: Books on Demand GmbH, Norderstedt Germany
ISBN: 9783346142368

Dieses Buch bei GRIN:

https://www.grin.com/document/539554

Domenik Forster

Doping im Sport. Gründe für Doping, Messverfahren und Anti-Doping-Maßnahmen

GRIN Verlag

GRIN - Your knowledge has value

Der GRIN Verlag publiziert seit 1998 wissenschaftliche Arbeiten von Studenten, Hochschullehrern und anderen Akademikern als eBook und gedrucktes Buch. Die Verlagswebsite www.grin.com ist die ideale Plattform zur Veröffentlichung von Hausarbeiten, Abschlussarbeiten, wissenschaftlichen Aufsätzen, Dissertationen und Fachbüchern.

Besuchen Sie uns im Internet:

http://www.grin.com/

http://www.facebook.com/grincom

http://www.twitter.com/grin_com

SEMINARARBEIT

Fakultät für Wirtschaft

Studiengang BWL – Industrie

Duale Hochschule Baden – Württemberg, Mannheim

Doping im Sport

Vorgelegt von: Domenik Forster

Abgabetermin: 10.01.2020

Gender Erklärung

In der nachfolgenden Arbeit werden personenbezogene Bezeichnungen, die sich zugleich auf Frauen und Männer beziehen, generell nur in der im Deutschen üblichen männlichen Form angeführt. Dies soll jedoch keinesfalls eine Geschlechterdiskriminierung oder eine Verletzung des Gleichheitsgrundsatzes zum Ausdruck bringen, sondern lediglich den Lesefluss verbessern.

Inhaltsverzeichnis

1 Einleitung

1.1 Problemstellung

In der heutigen Gesellschaft zählt vor allem im Hochleistungssport hauptsächlich die Leistung jedes Einzelnen. Man wird an dem gemessen, was man erreicht, beziehungsweise nicht erreicht hat und steht demzufolge unter einer besonderen Art von Leistungsdruck. Die Athleten müssen illegale Verhaltensweisen mit legalen Handlungsreaktionen abwägen. Dadurch befinden sich Sportler in einem Gefangenendilemma, das sie zum Betrügen veranlasst - Sie fangen an zu dopen.

In dieser Seminararbeit geht es um das Thema Doping im Sport. Begonnen wird mit der Definition sowie mit dem Ursprung des Dopings, was als Begriffsbestimmung für diese Ausarbeitung dient. In dem darauffolgenden Kapitel werden die Antriebsgründe thematisiert, die ausschlaggebend dafür sind, weswegen Athleten auf illegales Verhalten zurückgreifen. Der Fokus liegt hierbei auf der mikroökonomischen Modellierung des Individuums. Darüber hinaus befasst sich das genannte Kapitel „Empirische Evidenz" mit der Prävalenz des Dopings hinsichtlich der verschiedenen Messungen und Verfahren. Anschließend werden die betroffenen Sportarten im Fall des Dopings beleuchtet und genetische Motivationsgründe bezüglich des Missbrauchs von Doping gegeben.

Es wird aufgezeigt, welche leistungssteigernden Dopingmittel miteinander vergleichbar sind und dem Athlet sportlichen Erfolg zusichern. Das letzte Kapitel mit dem Titel „Maßnahmen zur Bekämpfung der Dopingproblematik " stützt sich auf die ökonomischen Maßnahmen des Dopings. Anhand dessen wird ersichtlich, inwiefern Anti-Doping-Maßnahmen die zu erwartenden Kosten der Athleten beeinflussen. Es soll verdeutlichen, wie die mikroökonomische Modellierung beeinflusst werden kann, um die illegale Verhaltensweise der Athleten zu ändern. Beendet wird diese Ausarbeitung mit der Fragestellung, ob Doping legalisiert werden sollte.

2 Doping Allgemein

2.1 Terminologie

Im Jahre 1963 strebte das europäische Parlament den ersten Versuch an, Doping zu definieren: „Die Verabreichung oder der Gebrauch von körperfremden Substanzen in jeder Form oder physiologischen Substanzen in abnormaler Form oder auf abnormalem Wege an gesunde Personen mit dem einzigen Ziel der künstlichen und unfairen Steigerung der Leistung für den Wettkampf" (Reiter, 1994, S. 191).

Doch durch viele neuen Methoden, Substanzen und Mittel musste der Begriff des Dopings immer weitläufiger definiert werden. Die aktuelle Definition des International Olympic Committee (IOC, Internationales Olympische Komitee) lautet wie folgt: "Doping ist erstens die Verwendung eines geeigneten Mittels (Substanz oder Methode), das die Gesundheit der Athleten gefährden und/oder ihre Leistung verbessern kann, oder zweitens das Vorhandensein eines verbotenen Mittels im Körper des Athleten oder der Nachweis seiner Verwendung oder der Nachweis der Anwendung einer verbotenen Methode" (International Olympic Committee, 2000a).

2.2 Verbotsliste der WADA

Die bekannteste Stiftung im Kampf gegen Doping im Sport ist die World Anti Doping Agency (vgl. WADA, 2019). Diese wurde im November 1999 als internationale unabhängige Agentur gegründet, um den Kampf gegen Doping im internationalen Sport zu fördern. Die WADA hat die sogenannte „prohibited List" verfasst und ist auch unter dem Begriff „Verbotsliste" bekannt. Diese Liste wurde in den Sprachen Englisch und Französisch verfasst und wird jedes Jahr aktualisiert. Um eine Substanz oder Methode in die Verbotsliste aufzunehmen, müssen zwei der folgenden drei Kriterien laut WADA – Code in Artikel 4.3.1 erfüllt sein:

Wenn Sie das Potenzial haben, die sportliche Leistung zu steigern oder zu verbessern, sie ein tatsächliches oder potenzielles Gesundheitsrisiko für den Athleten darstellen und gegen den in der Einleitung zum Kodex (Code 2009) beschriebenen Sportsgeist verstoßen (vgl. Welt Anti Doping Code , 2018, S. 30f.).

Auf der Verbotsliste der WADA 2009 sind einige Substanzen und Methoden wegen ihrer leistungssteigernden Wirkung innerhalb und außerhalb des Wettkampfes verboten (z.B. Anabolika, Hormone und verwandte Substanzen, Beta – 2 – Agonisten, Blutdoping). Einige Substanzen sind nur während des Wettkampfes verboten -

meist zum Schutz der Gesundheit der Athleten (z.B. Stimulanzien, Narkotika, Cannabinoide, Glukokortikosteroide). Viele Substanzen sind nur in bestimmten Sportarten verboten (z. B. Alkohol, Betablocker, die oft nur während des Wettkampfes verboten sind, außer beim Bogenschießen und Schießen).

3 Ökonomie von Doping

3.1 Ökonomische Analyse des illegalen Verhaltens

Sobald ein Athlet eine vorsätzliche, beziehungsweise fahrlässige unerlaubte Handlung begeht, zu der auch Verstöße gegen die moralischen und gesetzlichen Richtlinien gehören, kann die Entscheidungsfindung dieser Person als eine Reihe illegaler Handlungsalternativen gesehen werden (vgl. Maenning , 2002, S. 62). Es ist davon auszugehen, dass der Weg gewählt wird, der den größten erwarteten Nettonutzen zum Zeitpunkt der Entscheidung des Einzelnen verspricht (vgl. Maenning , 2002, S. 62).

Der Leitartikel von (Becker , 1968) basiert im Wesentlichen auf einer mikroökonomischen Modellierung, die eine Abwägung von Alternativen bezüglich illegalen Verhaltens und legaler Tätigkeit als Optimierung des Verhaltens unter bestimmten Rahmenbedingungen betrachtet. Anhand dieser mikroökonomischen Betrachtung kann eine rationale Berechnung des entsprechenden Nettonutzens erfolgen:

(1)

$$E(U^n i) = (1 - pi)[Ui(pjYi - DCi - POCi) + pjNPBi \\ - NOCi] + pi[Ui(-Fi - DCi - POCi) - LRi - NOCi].$$

$E(U^n\ i)$ beschreibt den erwarteten Nettonutzen eines unerlaubten Verhaltens des betroffenen Individuums. pi ist die Wahrscheinlichkeit der Verurteilung mit $0 \le pi \le 1$. pj steht für die Erfolgswahrscheinlichkeit eines illegalen Verhaltens mit der Größenordnung $0 \le pj \le 1$. Allerdings geht (Becker , 1968) nicht auf die zuletzt angeführte Größenordnung ein. Dennoch wäre es sinnvoll, diese gezielt zu behandeln (vgl. Maenning , 2002, S. 62). Solange der Bestechende seinen Erfolg nicht vollständig messen, beziehungsweisekontrollieren kann, gilt die Größenordnung $pj < 1$ (vgl. Maenning , 2002, S. 62).

Ui beschreibt die Nutzenfunktion des einzelnen Individuums. Yi sind die Brutto-einnahmen, die aus einem erfolgreichen Betrug resultierten. DCi bestimmen die di-rekten Kosten, die zur Vorbereitung und Durchführung entstehen. Zusätzlich wer-den dazu die Kosten des Selbstschutzes gezählt, um somit der Entdeckung, Bestra-fung und der Verurteilung zu umgehen. $POCi$ sind die monetären Opportunitäts-kosten des Individuums, d.h. das legale Verhalten erbringt finanzielles Einkommen und muss anlässlich eines illegalen Verhaltens aufgegeben werden. $NOCi$ befasst sich mit dem nicht monetären Opportunitätsaufwand. So hat beispielsweise ein gut trainierter Sportler innerhalb des Wettkampfes auch ohne Doping gewisse Vorteile in Form von Geld oder Sachwerten. $NPBi$ ist der nicht geldwerte Nutzen aus einem illegalen Verhalten, der bei Sportehrungen in Bezug auf Doping ausschlaggebend ist. Fi ist die Höhe des finanziellen Verlustes, der bei begrenzten Wettkampfverbo-ten als eine verlorene Form von Preis und Startgeldern sowie verminderten Spon-soring-Einnahmen entsteht. LRi beschreibt den Verlust des Nutzens in Form von Rufschädigung.

(Becker , 1968) erklärt, dass der Ausdruck in Klammern nach $(1 - pi)$ der Netto-nutzen des Individuums im Fall einer Nicht-Verurteilung ist. Der Ausdruck in Klammern nach pi bezeichnet den Nettonutzen des Individuums im Fall einer Ver-urteilung. Laut dem Autor entsteht nur dann ein illegales Verhalten, wenn der er-wartete Gesamtnettonutzen den individuellen Nutzen oder die nicht monetären Kosten aus rechtswidrigem Verhalten $NPCi$ aufgrund von moralischen Werten und Gesundheitsrisiken übersteigt. Das Individuum wird sich nur dann nach (Becker , 1968) unrechtmäßig verhalten, wenn:

(2)

$$E(U^n i) > NPCi,$$

Darunter ist zu verstehen, dass der Nettonutzen eine bestimmte moralische Schwelle überschreitet.

3.2 Korruption im internationalen Sport

(Maenning , 2002) beschreibt, dass die Korruption als eine Nutzung einer Position durch ihren Inhaber in der Weise, dass dieser die geforderten Aufgaben einer beschäftigenden Einrichtung bewusst anders als die Ziele dieser Einrichtung erfüllt, bezeichnet werden kann. Ein solches Vorgehen dieser Person ist abhängig von dem Wunsch des Vorteils, von den Handlungen zu profitieren. So kann beispielsweise auch Doping der Korruption als eine Form des illegalen Verhaltens zugeordnet werden. Durch den unsachgemäßen Gebrauch der Staatsmacht wird dieser in vielen Fällen mit Korruption verbunden (vgl. Maenning , 2002, S. 67). Wie wahrscheinlich es ist, erwischt und bestraft zu werden, hängt von der Effektivität des Rechtssystems des jeweiligen Landes ab (vgl. Treisman , 2000, S. 5). Allerdings kann die Auflösung der Korruption nicht ausschließlich durch den jeweiligen Staat beseitigt werden (vgl. Maennig, 2002, S. 67).

(Svensson, 2005) bietet eine gute Grundlage, indem er Korruption als ein Ergebnis, welches die wirtschaftlichen, rechtlichen, kulturellen und politischen Institutionen eins Landes widerspiegelt, bezeichnet. Damit diese großen Bestechungszahlungen (Yi in Gleichung 1) überhaupt an die Entscheidungsträger geleistet werden können, behauptet (Maenning , 2002), dass gewisse Beschränkungen im Wettbewerbsverlauf bestehen und diese zu sogenannten Mietzahlungen führen. Bei Korruption ist außerdem zu beachten, dass, im Gegensatz zu vielen anderen illegalen Verhaltensweisen, die Gleichung (2) insbesondere für mindestens zwei Personen erfüllt sein muss (vgl. Maenning , 2002, S. 68).

Der Erfolg richtet sich nach der Verwendung der überschüssigen Bestechungsgelder, die zu spezifischen Kriterien für korruptes Verhalten beitragen (vgl. Maenning , 2002, S. 68). Zum einen werden die erwarteten Kosten einer korrupten Handlung – einschließlich psychologischer und sozialer sowie finanzieller Kosten – gegen den erwarteten Nettonutzen (in Gleichung 1 und 2) in Betracht gezogen (vgl. Treisman , 2000, S. 5). Der Behauptung von (Treisman , 2000) zufolge bestehen die offensichtlichen Kosten aus dem Risiko, erwischt und bestraft zu werden. (Maenning , 2002) veranlasst, dass die zusätzlichen Kosten, die in Form der Verletzung von moralischen Werten durch Betrug bestimmt sind, ebenso dazugezählt werden. Dabei ist es wichtig, dass der erwartete Nutzen der Korruptionsstrategie, d.h. also die Vorteile anderer so hoch sind, dass die erwarteten Kosten der Bestechung des tatsächlich gezahlten Geldes, relativ gering sind. Die Bestechungsgelder werden als direkte DCi Kosten erfasst und sind damit negativ im erwarteten Nettonutzen (vgl. Maenning , 2002, S. 68). Dadurch entstehen hohe monetäre Opportunitätskosten OCi für deutlich überlegene Bewerber bezüglich der Ausrichtung sportlicher Veranstaltungen.

Im Folgenden führt der Autor an, dass diese Risikokalkulation auch für Bestechungsempfänger gilt. Das erhöhte Einkommen Yi, das aus den Bestechungsgeldern in die Kalkulation einbezogen wird, sollte so hoch sein, dass der Nettonutzen über der Schwelle von Nettoverlusten liegt. Wiederum müssen die Kosten für die Verschleierung des illegalen Verhaltens, die Verurteilungswahrscheinlichkeit pi, den Reputationsverlust LRi verhältnismäßig gering sein.

4 Empirische Evidenz

4.1 Prävalenz von Doping

Die Schwierigkeit die Prävalenz des Dopings zu messen, basiert hauptsächlich auf der Anzahl der positiven Dopingtestergebnisse durch Laborversuche, Fragebögen zum selbstberichteten Drogenkonsum mit direkter Befragung sowie Fragebögen zum Drogenkonsum anderer Sportler (vgl. Pitsch & Emrich, 2011, S. 560). Die WADA veröffentlich jedes Jahr die Anzahl der maximalen identifizierten Doppingmittel mittels Laborversuchen (vgl. Pitsch & Emrich, 2011, S. 560). Diese Rate der negativ analytischen Befunde pro Jahr ist in der Vegangenheit auf einem Niveau von circa zwei Prozent konstant geblieben. Dennoch werden die Ergebnisse von B-Stichprobenanalysen nicht berücksichtigt, was zu einer Überschätzung der Rate führt (vgl. Pitsch & Emrich, 2011, S. 560).

Durch die direkte Befragung zum selbstberichteten Drogenkonsum wurden höhere Ergebnisse bezüglich der Dopingprävalenz ermittelt. Im Jahr 1995 wurde von Blouin und Goldfield festgestellt, dass die Prävalenz des Steroidverbrauchs bei Wettkampf-Bodybuildern bei 77,8 Prozent lag. Bodybuilder, die nicht an Wettkämpfen teilnahmen, stellten eine Prävalenz von 20 Prozent dar. Pitsch et al., bewies im Jahr 2005, dass unter den Mitgliedern in 15 dänischen Fitnessstudios die Dopingprävalenz bei 4,7 Prozent lag.

Die Prävalenz bei 14 nationalen Sportverbänden im Bereich der Elitesportler lag bei 1,6 Prozent, wobei lizenzierte Radsportler einen Wert von 9,4 Prozent aufwiesen. Pitsch et al., 2011 behaupten, dass diese Umfragen über den Einsatz von verbotenen Substanzen bei Elitesportlern in einem bedrohlichen Umfeld fragwürdig erscheinen. Probleme bei der Befragung ergaben sich bei den begrenzten Kenntnissen der Probanden über den Dopingmitteleinsatz (vgl. Pitsch & Emrich , 2011, S. 563). Die Dopingprävalenz wurde auch durch Befragungen geschätzt, bei denen Sportler über ihre Wahrnehmung der Rate bezüglich des Konsums verbotener Drogen anderer Sportler befragt wurden. Schließlich spiegeln diese Instrumente nur die wahrgenommene Rate der Dopingkonsumenten unter den Sportlern wider und können nicht als Schätzung der Prävalenz angesehen werden (vgl. Pitsch & Emrich, 2011, S. 563).

Um das Verhalten der Menschen zu untersuchen, wurde neben den standardisierten Methoden bislang nur die Randomized Response Technik (RRT) verwendet.
Dabei können keine Rückschlüsse auf das Verhalten der Befragten aus den Antworten sensibler Fragen gezogen werden. Im Jahr 2005 und 2007 lag die Prävalenzrate des Dopings für den deutschen Spitzensport (A -, B- und C – Kader-Athleten im olympischen Sport) zwischen 25,8 und 48,1 Prozent (vgl. Pitsch & Emrich, 2011, S. 563). In der Saison 2005 lag die Prävalenzrate zwischen 20,4 Prozent und 38,7 Prozent (vgl. Pitsch & Emrich, 2011, S. 563). Dementsprechend ist davon auszugehen, dass 51,9 Prozent noch nie Dopingpraktiken angewendet haben. In der RRT-Befragung von Pitsch et al., 2011 wurde dem Athlet die sensible Frage gestellt, ob er jemals illegale Drogen oder Methoden benutzt hat, um seine sportliche Leistung zu verbessern. Bevor er die Frage beantwortete, sollte er eine zusätzliche Frage beantworten. Wenn seine Mutter in den Monaten Januar, Februar, März oder April geboren wurde, sollte er mit "Ja" antworten - unabhängig davon, ob er sich jemals so verhalten habe. Sobald seine Mutter in einem anderen Monat geboren wurde, sollte er ehrlich antworten (vgl. Pitsch & Emrich, 2011, S. 563).

Der Anteil der "Ja"-Antworten, die sich aus dieser Anweisung ergaben, kann anhand der aus Volkszählungen bekannten Verteilung der Geburten über die Monate berechnet werden (vgl. Pitsch & Emrich, 2011, S. 563). Damit ist es möglich, den Anteil der Dopingmittel im Kollektiv (mit maximaler Wahrscheinlichkeit) abzuschätzen, ohne abweichenden Sportlern ehrlich antworten zu müssen. Bei jeder individuellen Ja-Antwort bleibt unbekannt, ob sie sich auf das Verhalten der Sportler oder auf den Geburtsmonat der Mutter bezieht. Dennoch kann sich bei dieser RRT Technik eine Verzerrung ergeben. Sie kann durch Personen beeinflusst werden , die der Technik nicht vertrauen, diese nicht verstehen und befürchten, sie würden sich selbst belasten, wenn sie mit "Ja" antworten würden (vgl. Pitsch & Emrich, 2011, S. 563).

4.2   Ursachen von Doping

Neben den verhaltensökonomischen Ursachen des Dopings werden in dem Artikel von Foddy et al. genetische Tests angesprochen, um diejenigen mit dem größten Potenzial zu identifizieren. Die Autoren berichten, dass verschiedene Arten von Genen über den Erfolg entscheiden. Foddy et al. behaupten, dass die Fähigkeit bei Sportveranstaltungen gute Leistung zu erbringen durch die Fähigkeit bestimmt ist, die Muskeln ausreichend mit Sauerstoff zu versorgen. Je mehr rote Blutkörperchen, desto mehr Sauerstoff kann im Körper transportiert werden. Bei EPO (Erythropoetin) handelt es sich um ein natürliches Hormon, welches die Produktion der roten Blutkörperchen stimuliert und das Volumen der gepackten Zellen (PCV) – den Prozentsatz des Blutes, der aus roten Blutkörperchen besteht – erhöht (vgl. Foddy, Clayton, & Savulescu, 2004, S. 667).

Foddy et al. behaupten, dass der durchschnittliche menschliche PCV-Wert zwischen 0,4 bis 0,5 Prozent liegt. Dieser Wert variiert bei circa 5 Prozent der Menschen über dem Durchschnittswert und kann bei Elitensportlern sogar noch höher sein. Der Grund für diesen erhöhten Wert liegt beim regelmäßigen Training oder ist bei diesen Menschen generell hoch. Dennoch können erhöhte, überdurchschnittliche Werte zu gesundheitlichen Problemen führen. Sobald das PCV über 50 Prozent steigt, wird das Schlaganfallrisiko signifikant erhöht.

Foddy at al. beschreiben, dass es offiziell legale Wege gibt, um die Anzahl der roten Blutkörperchen zu erhöhen, wie beispielsweise das Höhentraining oder Blutdoping. In jüngster Zeit wurden hypoxische Luftmaschinen verwendet, um das Höhentraining zu simulieren. Der Körper reagiert darauf, indem er natürliches EPO freisetzt und mehr Blutkörperchen wachsen lässt, sodass er mehr Sauerstoff aufnehmen kann. Durch autologes Blutdoping ist es möglich, rote Blutkörperchen im Körper wachsen zu lassen, sodass die Methode völlig unauffindbar ist. Bei diesem Prozess nehmen die Athleten etwas Blut ab und injizieren es wieder, nachdem ihr Körper neues Blut hergestellt hat, um es zu ersetzen. Es besteht kein Unterschied zwischen der Erhöhung des Blutbildes durch Höhentraining, durch die Verwendung eines hypoxischen Luftgeräts oder durch die Einnahme von EPO (vgl. Foddy, Clayton, & Savulescu, 2004, S. 668). Letzteres wird dabei jedoch als illegale Substanz angesehen.

5 Maßnahmen zur Bekämpfung der Dopingproblematik

5.1 Die Legalisierung von Doping

In ihrem Artikel fordern Foddy et al. die Freigabe von leistungssteigernden Mitteln im Sport. Die Autoren stellen fest, dass der Gebrauch von illegalen Substanzen trotz der gesundheitlichen Risiken und der Versuche der Regierungsbehörden, Drogen aus dem Sport zu verbannen, weit verbreitet ist. Auch Olympioniken gingen davon aus, dass die erfolgreichsten Sportler verbotene Substanzen verwenden (vgl. Foddy, Clayton, & Savulescu, 2004, S. 666). Weil Dopingmittel sukzessiv effizienter würden und die Wahrscheinlichkeit eines Dopingtests für jeden einzelnen Sportler sehr gering sei, finden sich die Athleten in einer Art Gefangenendilemma wieder, das sie zum Betrügen veranlasst (vgl. Foddy, Clayton, & Savulescu, 2004, S. 666). Bereits in einigen Jahren würde es viele unentdeckbare Dopingmittel geben, was das Ziel im Sinne eines sauberen Sportes unerreichbar mache. Die Legalisierung des sauberen Dopings würde somit keinen Betrug mehr hervorbringen.

Foddy et al. deuten darauf hin, dass die Freilassung von Doping gleiche Wettbewerbsvoraussetzungen für jeden Sportler schaffen würde. Dadurch würde die genetische Ungleichheit beseitigt und eine genetische Gleichheit geschaffen werden (vgl. Foddy, Clayton, & Savulescu, 2004, S. 667). Die Freilassung von Doping würde die wirtschaftliche Diskriminierung zwischen armen und reichen Athleten bekämpfen. Foddy et al. liefern im weiteren Verlauf eine Beschränkung:

Die Grenze für Doping im Sport läge bei der Sicherheit. Durch die Sicherstellung der medizinischen Beobachtung wird der Fokus auf die Gesundheit und die Wettkampffähigkeit des Athleten gelegt. Sie behaupten, dass sichere Medikamente erlaubt werden sollten und weiterhin unsichere Medikamente zu verbieten sind. Die Autoren ziehen damit eine weitere Grenze, indem sie Doping für Kinder nicht erlauben wollen.

5.2 Wirtschaftlich effiziente Doping Maßnahmen

(Maenning , 2002) behauptet in seinem Artikel, dass sich die Maßnahmen im Kampf gegen Doping an den Wirtschaftsakteuren orientieren. Durch folgende Argumentation wird festgestellt, welche Maßnahme in Betracht gezogen wird, um die erwarteten Kosten zu erhöhen (vgl. Maenning , 2002, S. 77). Die Erhöhung der direkten Kosten DCi kann insbesondere durch eine Reduzierung der Dopingmittelversorgung entstehen (vgl. Maenning , 2002, S. 77). Dementsprechend sollte die Dopingaktivität laut (Maenning , 2002) in die Zuständigkeit der Gerichte gelegt werden. Dadurch könnten die Opportunitätskosten des Dopings von $POCi$ und $NOCi$ möglicherweise durch steigende Einnahmen und nichtmonetäre Vorteile aus der juristischen Ausbildung erhöht werden. Durch gezielte Informationen über die gesundheitlichen Risiken des Dopings würden die wahrgenommenen $NOCi$ (1) oder $NPCi$ (2) ansteigen.

Die Anti-Doping-Politik soll den Athleten moralische Werte (z.B. Freude an einem ehrlichen Sieg) vermitteln, um auch so die Kosten des Dopings zu erhöhen (vgl. Maenning , 2002, S. 78). Die Erhöhung des einen Faktors pi (1) und die Verringerung des anderen Faktors Fi (1) soll den Nutzen aus dem monetären Nettoeinkommen je nach Risikoeinstellung des Einzelnen ändern (vgl. Maenning , 2002, S. 78). Das Limit liegt bei der Sanktionsverurteilung im internationalen Wettkampfs-Verkehr. Die Einführung der Bußgelder verursacht minimale soziale Kosten und vermittelt den Anschein eines Transfers, sobald das Geld aus Bußgeldern im Sport verbleibt (vgl. Becker , 1968, S. 180). Das Ziel einer solchen Sanktion sollte sein, dass diese so hoch sind, dass der Täter ein negatives Kosten-Nutzen-Ergebnis (1) erhält (vgl. Maenning , 2002, S. 79). Um die Maßnahmen gezielt umzusetzen, ist es laut (Maenning , 2002) wichtig, diese unter einem Vertragsrecht festzuhalten.

6 Fazit

Es wurden viele Parallelen zwischen Doping und Korruption, beginnend mit den damit verbundenen Problemen der Definition des Dopings, der möglichen öffentlichen Überschätzung des Umfangs des Problems und keineswegs mit den Ähnlichkeiten in den rationalen Berechnungen, auf denen sie beruhen, endend, aufgezeigt.

Dennoch zeigt die wirtschaftliche Analyse genügend effiziente Maßnahmen, um die erwarteten Kosten des Individuums hinsichtlich des Dopings zu erhöhen. Zusätzlich ist anzuführen, sobald sich Athleten für das Doping entschieden haben, erscheint der zu erwartende Nettonutzen größer als die erwarteten Mehrkosten.

Eine wirtschaftliche Lösung könnte die erwarteten Kosten des Dopings erhöhen, indem sie sich auf Geldstrafen in ausreichendem Maße einigen. Derartige Geldbußen hätten auch den Vorteil, dem liberaleren Vertragsrecht zu unterliegen. Sie wären daher leichter abschreckend umzusetzen als vorübergehende Wettbewerbsverbote, die oft gegen das Arbeits- und Persönlichkeitsrecht verstoßen haben.

In der angeführten Studie von Pitsch et al. wurde mit Hilfe der Randomized Response Technik versucht, das Verhalten zu kontrollieren. Die Prävalenzrate des Dopings im Jahr 2005 für den deutschen Spitzensport lag zwischen 20,4 Prozent und 38,7 Prozent. Das bedeutet, dass mehr als die Hälfte nicht an Dopingpraktiken beteiligt war. Die Umfragen zu nicht beobachtbarem, abweichendem Verhalten berücksichtigen immer die Möglichkeit, dass die Ergebnisse stark verzerrt sind. Diese Probleme können gelöst werden, indem zwei verschiedene Stichproben von Sportlern mit unterschiedlichen Wahrscheinlichkeiten für die Beantwortung der Zusatzanweisung mit "Ja" verwendet werden (z.B. durch die Verwendung einer unterschiedlichen Anzahl von Geburtsmonaten).

Schließlich vertiefen nicht nur verhaltensökonomische Ursachen die Dopingproblematik, sondern auch genetische Motivationsgründe, die die Athleten ebenfalls zum Dopen veranlassen. Hierbei ist fragwürdig, ob EPO als illegale Substanz angesehen werden soll. Es ist zu bedenken, dass auch legale Dopingmittel die Leistung der Athleten steigern und zu gesundheitlichen Risiken führen. Durch medizinische Beobachtungen sollen derartige legale und illegale Fördermittel untersucht und analysiert werden, um die Sicherheit der Athleten zu gewähren.

Literaturverzeichnis

Haugen KK. (2004). *The performance-enhancing drug game*. Norway: Journal of Sports Economics.

Maennig, W. (2005). *Corruption in International Sports and Sport Management: Forms, Tendencies, Extent and Countermeasures*. University of Hamburg, Germany: European Sport Management.

Alaranta, A., Alaranta, H., & Helenius, I. (2008). *Use of prescription drugs in athletes*. Sports Medicine .

Becker, G. (1968). *Crime and punishment: An economic approach*. Journal of Political Economy 76, 169-217.

Blouin, A., & Goldfield, G. (1995). *Body image and steroid use in male bodybuilders*. International Journal of Eating Disorders.

Clark, S. J., & D. R. (1998). *Honest answers to embarrassing questions: Detecting cheating in the randomized response model*. Psychological Methods.

Edwards, J., Fisher, D., Johnson, M., Reynolds, G., & Redpath, D. (2007). *Test-retest reliability of self-reported drug treatment variables*. Journal of Substance Abuse Treatment .

Foddy, B., Clayton, M., & Savulescu, J. (2004). *Why we should allow performance enhancing drugs in sport*. London : BMJ Journal of Sports Medicine .

Gerlinger, K., Petermann, T., & Sauter, A. (2008). *Gene Doping*. OFFICE OF TECHNOLOGY ASSESSMENT AT THE GERMAN BUNDESTAG. Abgerufen am 16. 12 2019 von http://www.tab-beim-bundestag.de/en/pdf/publications/summarys/TAB-Arbeitsbericht-ab124_Z.pdf

I-Cheng, C., Chow, L., & Rider, R. (1972). *The randomized response technique as used in the Taiwan outcome of pregnancy study*. Studies in Family Planning.

International Olympic Committee. (8. September 2000a). *Amendments to the Olympic Charter*. Von https://www.olympic.org/about-ioc-olympic-movement abgerufen

Maenning, W. (2002). *On the Economics of Doping and Corruption in International Sports*. University of Hamburg. Abgerufen am 12 2019 von https://scholar.google.de/scholar?hl=de&as_sdt=0%2C5&q=economics+of+doping+&btnG=

Pitsch, W., & Emrich, E. (2011). *The frequency of doping in elite sport: Results of a replication study* (Bd. International Perspectives on Sporting Women in Past and Present). (A. Hofmann, & E. Trangbaek, Hrsg.) Copenhagen: Institute of Exercise and Sport Sciences.

Pitsch , W., & Emrich, E. (2011). *The frequency of doping in elite sport: Results of a replication study*. Saarbrücken, Germany: International Review for the Sociology of Sport. Abgerufen am 22. 12 2019

Reiter, H. (1994). *Bericht der unabhängigen Dopingkommission des Deutschen Sportbundes (DSB) und des Nationalen OlympischenKomitees (NOK) [Report ofthe Independent Doping Commission of the German Sports Federation (DSB) and the National Olympic Committee (NOK)]*. . Stuttgart, Germany : Nagelschmidt .

Solomon , J., Jacobson, S., Wald , K., & Gavin, M. (2007). *Estimating Illegal Resource Use at a Ugandan Park with the Randomized Response Technique*. Florida, New Zealand : Routledge, Taylor & Francis Group.

Svensson, J. (2005). *Eight Questions about Corruption*. Stockholm, Schweden: Journal ofEconomic Perspectives.

Treisman , D. (2000). *The Causes of Corruption* . University of California, Los Angeles: Journal of Public Economics. Abgerufen am 20. 12 2019 von https://www.sscnet.ucla.edu/polisci/faculty/treisman/Papers/causes.pdf

Ulrich, R., Pope, H., & Cléret, L. e. (2017). *Doping in Two Elite Athletics Competitions Assessed by Randomized-Response Surveys*. Springer .

WADA. (2019). *World Anti Doping Agency*. Abgerufen am 16. 12 2019 von http://www.wada-ama.org/en/who-we-are

Welt Anti Doping Code . (2018). Abgerufen am 16. 12 2019 von https://www.wada-ama.org/sites/default/files/wada_2019_english_prohibited_list.pdf